POESÍA REUNIDA

Poesía reunida

AMPARO DÁVILA

POESÍA

FONDO DE CULTURA ECONÓMICA

Primera edición,   2011
Primera reimpresión,   2014

Dávila, Amparo
    Poesía reunida / Amparo Dávila. – México : FCE, 2011
    107 p. ; 23 × 15 cm – (Colec. Poesía)
    ISBN 978-607-16-0623-5
    1. Poesía mexicana 2. Literatura mexicana – Siglo xx I. Ser. II. t.

LC PQ7297   Dewey M861 D337p

Distribución mundial

D. R. © 2011, Fondo de Cultura Económica
Carretera Picacho-Ajusco, 227; 14738 México, D. F.
www.fondodeculturaeconomica.com
Empresa certificada iso 9001:2008

Diseño de interiores y portada: León Muñoz Santini

Comentarios: editorial@fondodeculturaeconomica.com
Tel.: (55)5227-4672. Fax: (55)5227-4640

ISBN 978-607-16-0623-5

Impreso en México • *Printed in Mexico*

SUMARIO

A mis hijas

A mis nietos

SALMOS BAJO LA LUNA

[1950]

Para Joaquín Antonio Peñalosa
maestro y guía, con agradecimiento y respeto

AQUÍ BAJO LA LUNA

Aquí bajo la luna transparente; entre el río melancólico
de las aguas lunares,

deshojaré mis salmos; salmos color violeta como la flor
del crepúsculo,

dichos a media voz mientras dura la luna.

ANGUSTIA

Inmersa en el mar sin fondo de la angustia, no habrá
resonancias que rasguen el silencio; ni claridades
que perturben las tinieblas.

El cielo y la tierra se volverán de piedra; la lágrima suave
no ablandará la roca.

El grito amargo se quemará en la garganta; el rostro
permanecerá inmutable.

Quién llegará hasta la profundidad sin fondo?
Quién sabe del tormento de las almas?

Ahí donde se acaban los sonidos y la tonalidad se agrava;
ahí donde el dolor triunfante se pierde en los abismos
del silencio.

Encendamos el fuego, que el invierno ha llegado y tengo frío;
 frío inmaterial de soledades; soledad profunda y muda.

Ya el viento azota la ventana, con su eterno gemir desesperado.

Y no es acaso el viento, el eco de mi angustia?

No es la angustia, el eco de mí misma?

Las noches del invierno son muy frías; la lamentación
 del viento tortura el alma!

Qué importa si viví en la primavera, si ahora es invierno
 y languidezco!

La hoguera se consume lentamente; la soledad aumenta
 con los instantes!

AUSENCIA BLANCA

Heridos de espera cayeron los brazos, como dos alas
adormecidas.

Blancas de espera, blancas de ausencia las alas de mis brazos.

Largo es el día de la espera; más larga aún la noche del olvido.

El sol sigue brillando en el firmamento; yo no sé si es de día
o es de noche, si es invierno o es primavera.

Las alas se quedaron en la espera, implumes de esperanza
y de ilusiones.

Blancas de espera; blancas de ausencia las alas de mis brazos!

Lloraré sobre el regazo de una anochecida; en la noche abriré
la fuente sellada de mis ojos y correrá el llanto
de mi angustia sobre la tierra dormida.

La tierra regaré con lágrimas y reverdecerán los campos;
reverdecerán con la lluvia tibia de las lágrimas, que no
sólo el rocío fortifica!

Liberada quedará el alma después de haber llorado; el alma
atormentada que se ahogaba en un mar de congoja
indefinible.

Lloraré sobre el regazo de una anochecida; el alma quedará
fresca y olorosa como tierra mojada.

Se fueron las ilusiones en un revolotear de golondrinas;
las golondrinas se las llevaron lejos del mundo
y del alcance.

Las ilusiones de ayer, hoy son una lejanía doliente!

El dolor de hoy, realidad palpable!

Por qué la dicha dura sólo un instante?

Por qué el dolor nos sigue hasta la muerte?

En un revuelo de golondrinas se fueron las ilusiones;
se escaparon de las manos —jaula dorada—, que en vano
trataron de aprisionarlas.

Y no volverán jamás, porque lo que se va no vuelve; las manos
se cansaron de esperar y se marchitaron de nostalgia.

Estuve ahí donde termina la vida; ahí donde comienza
la muerte.

Donde crece el ciprés grave y sombrío; donde hay angelitos
de mármol, cruces blancas y negras.

Qué sol de angustia el sol violeta que lo alumbra!

Y qué aire tan pesado, ese aire grávido y doliente,
como postrer suspiro!

Soledad tallada en mármoles y canteras; cipreses y sauces.

Ah, qué cerca está la vida de la muerte!

Qué cerca está la muerte del olvido!

En el silencio sólo se escucha el lamento de una campana;
en el silencio mortal del cementerio.

Es la campana que anuncia a los muertos; a los que vienen
a dormir, bajo la sombra angustiosa de los cipreses.

AGONÍA DE JUEVES SANTO

Va la procesión calle abajo, camino de la Parroquia;
de San Francisco a la Parroquia, va la procesión calle
abajo.

Todos van de rodillas bajo un sol de Jueves Santo; el sol
de Jueves Santo llora lágrimas de fuego.

Rasga el aire grávido de angustia un lamento escalofriante;
yo no sé si es de dolor o es de ruego este lamento.

Un lamento rasga el aire impregnado de angustia, el aire lleva
angustias de muerte en Jueves Santo!

Va la procesión calle abajo, camino de la Parroquia;
de San Francisco a la Parroquia, va la procesión calle
abajo.

En hombros llevan al Padre Jesús de los mineros; en hombros
va, con su corona de espinas, sobre su frente de nardo.

El sol sigue llorando fuego y el rostro Divino se transfigura;
su blancura de nácar se vuelve de rosa.

Parece de carne viva el Cristo de los mineros!

Han sonado tres campanadas en el reloj de la plaza;
hasta los cielos llegan tres toques de angustia.

El sol se ha vuelto morado; el aire se quebró en sollozos.

La hora de la agonía ha llegado; por su frente de rosa, ruedan
sudores de lirio.

Ha sudado el Cristo de los mineros bajo el sol de Jueves
Santo!

Va la procesión calle abajo, camino de la Parroquia,
de San Francisco a la Parroquia, va la procesión calle
abajo.

Ah, ojos aquellos que han visto sudar a Cristo!

En Pinos, Zac.

Volveré hasta el pueblo mío, como vuelve el ave errante;
    cansada de alturas y de espacios.

Volveré con la joyante luz de una atardecida; con el último
    rayo, peregrino de sol.

Con el último rayo de sol, rodando por las calles empinadas
        y culebreantes, recorreré los lugares que me vieron niña;

y niña seré otra vez, cogida al recuerdo de las cosas!

Volveré a ver, la caravana silenciosa de mujeres que van
        por agua al kiosko;

cántaros rojos y brillantes; cántaros llenos de agua zarca,
        que desfilan en la tarde.

Volveré a oír las campanas de la Parroquia que llaman
        para el Rosario; el Rosario que melancólico se desgrana
        entre las manos.

Y en la noche, iré a sentarme en la Plazuela a beber atole.

Oh noches de mi pueblo calentadas con atole; atole con sabor
    de jarro!

Volveré hasta el pueblo mío, como vuelve el ave errante,
    a beberme la luna, en el atole de sus jarros.

Iré por la noche hasta el río musical, cuajado de estrellas;
    iré a bañarme en sus aguas color de turquesa.

Escucharé los lamentos de las ranas inquietas; creeré piedras
    movibles, los sapos grises.

Correré por la orilla de arenas dormidas, persiguiendo
    luceros; en la arena quedarán las huellas de mis infantiles
    goces.

Navegaré por el río con mis brazos por remo; el río cruzaré
    con remos alados, y brotarán de mis manos las flores
    del agua.

Desafiaré los peligros de las aguas profundas; sumergida
    en su seno, me pensarán acuática.

Interrumpiré el sueño de los pececillos leves; a los peces
    de mil colores les robaré sus sueños de perla.

Liberaré los cabellos con ansias de redes; pescarán estrellas
    de coral y de nácar.

Cansada de juegos, descansaré a mi antojo sobre el regazo
    del río; el río adornará mi cuerpo con encajes de espuma.

INSOMNIO

El sueño se escapó entre las pestañas; por entre el matorral
huyó ligero.

Abiertas en la noche quedaron las pupilas; abiertas
y encendidas como faros en vigilia.

La imaginación vuela, entre la alas del viento; por la ruta
del aire, va la fantasía exaltada.

Las horas se alargan en la noche como hebra de hilo fantasma;

las horas se embarcaron en un viaje sin etapas y en vano
pretendo oírlas, en el reloj de la esquina.

Qué eternas las horas insomnes; en ellas parece que he vivido
medio siglo!

El reloj de la esquina sigue mudo; el sueño no se asoma aún
por las pestañas.

Desde la loma contemplé la ciudad dormida; desde la loma
la admiré en reposo.

Es San Luis que duerme entre la bruma; San Luis entre la bruma
violeta del amanecer.

Resaltan entre la niebla los faros rojos; los faros rojos
como granates entre una danza de velos grises.

Siluetas en negro intenso; las siluetas de las iglesias,
en el claroscuro del horizonte.

Árboles desflecados por el viento ondean en la noche;
desflecados y ondulantes como el rapacejo de un
rebozo.

Perfiles que se agravan en la noche; los perfiles de las cosas
que a la luz son sencillas.

Conjunto de siluetas, perfiles y sombras; panorama en Ticiano
con vaivenes de niebla.

El silencio en un fantástico crescendo; sólo oigo los grillos
que afinan sus cuerdas.

La ciudad duerme cobijada en niebla, niebla gris, niebla fría;
niebla color de olvido!

LIRIOS

Floreceré, cuando florezcan los lirios en el valle; cuando
   mis ilusiones viajeras encuentren donde colgar su nido,

y cantaré como la alondra; como la alondra que canta entre
   las peñas.

Descalzos los pies, el campo en ellos, sentiré el ardiente
   palpitar de la tierra en mis plantas desnudas.

Destrenzados los cabellos, se los daré al viento; al viento daré
   el juguete de mis cabellos.

Y correré por los campos como una cierva dichosa, gozaré
   su verdura; me saciaré en sus pastos.

Beberé de las fuentes que esconden las rocas; y floreceré
   en los valles cuando florezcan los lirios.

BRINDIS

Recordemos el ayer y bebamos por lo que fue; por lo que ya
no es!

Levanta la copa y brinda por lo que fue vida y fue muerte;
por lo que un día fue presente y ahora es pasado.

Recordemos el ayer y los amores color de flama; flama esencial
que incendiaba el alma.

Ya sólo tengo vino color de llama; la hoguera de sus amores
se quedó atrás en el pasado.

Llena la copa y bebe; bebamos por el pasado que no puedo
olvidar!

PERFIL DE SOLEDADES

[1954]

PERFIL DE SOLEDADES

I

Si alguien hubiera dicho:
la soledad se nutre de párpados caídos,
de silencios dormidos en la noche del ángel;
la soledad es una inválida semilla,
heredad antigua, cadena y mortaja...

                              Pero nadie lo dijo.

Y yo, que esperaba,
tuve que evadirme
por los cuatro puntos
amargos del viento.

II

Me sorprendo cercana de la noche,
en vano pregunto y llamo;
bajo un cielo de ruinas
contemplo mis manos
que se alargan como interrogaciones
y veo, palpo, siento,
la soledad.

III

Quien quiera leer en mí
que baje los ojos hasta el musgo,
a la raíz misma del llanto,
donde se nutre y se dibuja
el perfil de la angustia.

Es inútil buscarme en el verde árbol
que canta su pródigo verano,
su mediodía de pájaros
y la agilidad niña de una esperanza.

IV

Soy silencio y sombra.
Presentida, pálida neblina de una muerte,
siempre epidermis y tacto,
tan íntima y constante
que su voz expresa mis palabras,
y mis huellas son tan sólo el eco
de su propio paso.

V

De soledades estoy hecha,
vasija y contenido.

Llevo una voz sin sol
que en vano quiere gritar, en el origen,
el color y la anchura del desierto;
en sí misma se encierra y despedaza
al intentar romper la cáscara del mundo.

VI

Llego por subterráneas grutas
al intacto manantial del sueño.
Y he ahí que me fugo
de las manos que me oprimen;
intento la estatura del grito
y avanzo hacia mi sombra;
porque nadie sabe
que este silencio de sepulcros
es sólo un eco
de tormenta en la cumbre.

VII

Nunca había estado
más cerca de mi muerte.
—Presencia en la rosa,
sombra sobre el agua—
en mí sentida, cierta,
lenta nostalgia o angustia viva,
esperanza o desesperanza.

VIII

De nuevo, en mi deshabitado mundo,
contemplo mis manos
que se alargan como interrogaciones
y veo, palpo, siento
la soledad.

Si alguien me hubiera dicho...

                    Pero todos callaron.

Gimen las flautas
en las manos del aire
y en vano las brisas
azotan los cristales.

¡Es tan duro el corazón de la piedra!

Arcilla desolada,
el peso de los astros
lacera tu frágil epidermis
y hace trizas, cenizas y sollozos
la rosa de la luz.

Dejadme gritar y ensordecer
con mi propio grito
hasta escuchar la esquina
más sola de mis venas.

Quiero pensar, creer
y, sin embargo...
están ausentes de ternura
los ojos de la tarde
y lloran solas
las fieras en el monte.

Si lo sabéis, decidme:
¿en dónde está el secreto manantial,
el agua virgen?

Busco bajo la niebla cuajada de horizontes…
Y ni siquiera lo sabía:
¡soy muda y ciega!

ÁMBITO DEL SILENCIO

El silencio es un espejo negro
donde se ahogan todas las preguntas.

La tarde cerró de golpe sus ventanas
al invadir la voz los musgos del silencio.

Hay veces
que una palabra
pesa sobre el mundo
como un astro incendiado
recostado en el hombro de una rosa.

Es preciso callar.
Dejar que el agua ignore
su propio nombre,
sepultar en ataúdes de niebla
las voces de las hojas
y los tumbos del mar,
detenerse a envejecer
como las piedras,
ahogándose en palabras
nunca dichas.

Un muro de sal amarga
se calcina en la garganta
y puñales de luna congelada
mutilan gritos,

dejándonos
en la rama del viento
sin alas y sin voz.

Bien lo sé,
a mitad del sueño
existen muelles sombríos
donde el silencio tiene
potestad de nube.
La voz es una isla,
lágrima ardida
frente al mundo, en suspenso,
cercada por una soledad de multitudes.

¡Si todos supieran!...

El corazón lastima
como pétalo herido
al rodar del verano,
cuando la voz madura
y el día feliz ahonda
por los rincones de la brisa.

Pero no, olvidemos...

Llueve en el recuerdo
helada lluvia de ceniza
y el rostro de la voz
pálido y ciego
habita los espejos negros
de la ausencia.

Alguien me dice:

hay perlas ancladas
en el polvo de los días,
hay ecos golpeando
ventanas de futuro.

Pero es inútil asirse
a la infancia de la voz,
cuando la noche cubre el corazón
y en el silencio se ahogan las estrellas.

Dejemos que el día se marche
golpeándonos las sienes...

I

Lentamente caminamos, oscuros,
pesados, mordiendo el polvo,
intentando negarnos un descarnado dolor;
de nosotros sólo queda la cáscara
—dolida sombra—
lo demás, se ha ido.

Recordad, ya lo dije:
mis pasos son ecos milenarios,
dejadme transplantada
en cualquier atardecer
en cualquier calle triste,
¡qué importa!
hay algo más allá
de los endebles huesos,
algo que no termina
y sólo dice su dolor... y crece.

Atrás de la corteza
la pulpa adviene tierna
y la lágrima es dulce, alguna vez.

Caminamos, de pronto surgen ruinas
y el camino es sombrío. Dejadlas,
nos esperan tantas más allá de la noche.

Pero decidme:

¿Es el viento que nos pesa
o es nuestro dolor lastimando al viento?

II

Si dijera:
Hemos caminado juntos
innumerables vías,
entonces recordarías tal vez
largas alamedas solas,
calles estrechas, difíciles,
plazuelas blancas, árboles grises, siluetas;
también recordarías
la orilla de algún mar deshabitado
y la sirena triste de algún barco.

III

Es tan luna, tan sola la tarde
que se va irrecobrable.
Mañana, nuestro dolor, acaso,
sólo queme ceniza.

Alguien bucea estrellas
en el agua más triste de la tarde
y las transplanta
a una perdida esperanza.

No lo sabe aún...
La noche, prematura, se anticipa,
nos circunda y nos estrecha,
pronto seremos sólo masa oscura,
viviremos la misma,
la eterna soledad del hombre;
los lechos amargos y vacíos,
el nocturno sudor cayendo frío,
goteando sobre los pálidos huesos.

Y la forma se evade entre rosas y larvas
abandonando todo lo que fuimos
con la misma pregunta
insistente y constante, sin respuesta.

Escucho, desde la orilla de la tarde
alguien desdibuja su canción sobre el agua,
buceando, transplantando estrellas
a una perdida esperanza.

Cuando despierta el tacto
y se alarga el infinito
en el tiempo suspendido,
cuando cada poro
es como tentáculo ávido
de sensaciones, de color,
de sonidos precisos;
cuando las imágenes desleídas
vuelven otra vez, habitadas,
y cruzan en procesión
por el abierto escenario:

pasan ciudades bajo la niebla,
oscuros pueblos cerrados,
sombrías ventanas húmedas;
pasan máscaras, muñecas rotas,
lentos desenterrados sin rumbo,
lágrimas secas y oscuras sonrisas
apenas entreabiertas;

siguen pasando:
mutiladas estatuas,
fragmentos de luna,
esqueletos de rosas,
amarillos papeles con olor
a despedida, a clausuradas esperanzas;

pasan también en agobio
los lejanos horizontes del sueño
y caminos y mares
y mundos imposibles.

Hay cadenas que detienen,
raíces que se aferran
a la tierra que las sustenta
como el hijo a la madre,
y se ahondan, se alargan en el origen
definiendo posiciones:

—Esta es mi casa—
la tierra atormentada;
es mi sustancia, el barro desolado,
el sueño y el agua,
la ceniza y el fuego.

DESTRUCCIÓN Y VIDA DE LA ROSA

Ausente del ser, la rosa permanece,
en ámbito transido
de negaciones y torturas.

Desde su sueño,
ante su rostro de silencios
contempla su lenta, larga
transparencia de agua
y se descubre mutilada y sola
en el vacío azul de la inconsciencia,
flotando en un angustia renovada,
intacta siempre,
sostenida tan sólo por raíces
de frágiles cristales.

La rosa sueña
la muerte de la rosa.

Preciso es morir,
destruir los castillos edificados en la arena,
las falsas lunas en el telón de la noche,
la muralla del eterno refugio
y la estatua colocada
en el jardín de la infancia.

La rosa sabe
que la rosa ha muerto.

Desprendida de su propia sombra,
al margen mismo del sueño
se encamina al momento
de las verdades sustanciales.

Desnuda, sobre los rescoldos humeantes
de sus murallas rotas,
descubre su propia arquitectura.

La rosa vive
la vida de la rosa.

TRÁNSITO DEL OLVIDO

Pensé que el olvido venía
al abrirse la rosa negra,
cuando el ángel sombrío inicia
nocturna marcha
de cenizas y llanto.

Pero no, el olvido llega
desafiando la hora
en la vigilia de los relojes
y a lo largo del sueño de la estatua;
en el minuto verde de la yerba,
a la hora inaudita
del durazno y del higo,
y en la mutilada estepa de las nieves.

La hoz del tiempo
mutila lentamente vigilia y sueño,
desenterrando ignoradas islas
y ocultas sementeras
hasta lograr que un día
el hombre se descubra
sumergido en la niebla, sin memoria,
sin tallos y sin flores,
con sus raíces transplantadas
en una tierra extraña
donde los pájaros, los peces
y el agua misma
tienen otro nombre
y otro significado.

Después, la voz de ayer
se sorprende, a la orilla de un crepúsculo
de corales ardientes,
con los cristales del día futuro
quebrados en las manos.

Encontrarse así,
entre líquidos muros,
como isla encarcelada
sin promesas de fuego
sentenciado a la sal y la ceniza.

Entonces el hombre sabe
que sólo tiene por futuro
fríos cadáveres de astros
y sueños rotos.
Transido de pasado ha de vivir
la muerte del propio olvido.

NO HAY ÁMBITO QUE NOS PROTEJA

I

No hay ámbito que nos proteja
de los ojos que acechan en la noche.

Gimen brazos a mitad del viento
como veleros tristes.

Envenenadas voces recorren
hormigueando las arterias.

II

Es el amor que llega en despedida
como sollozo de faro entre la niebla.

Como tibia caricia de ola
que llega, deja su blanca espuma derramada

e irremediablemente retorna al mar.

III

Si tan sólo te detuvieras
y llamaras en mi soledad,

si pudieras oír
lo que no dicen las palabras todas.

Tu corazón en mi silencio latiendo,
cayendo como lenta lluvia

sobre la ardida cárcel
de los sentidos.

Tus ojos y tus labios, bebiendo,
la más pálida caricia,

la que a oscuras crece y se derrama
como queja rota,

como lago extinguido
sobre la luna muerta.

IV

Pero tú seguirás adelante con el viento
amando y olvidando.

Sin embargo, algo de mí se fugará contigo
como la raíz que determina el tallo.

Y no habrá camino ardido, ni relojes de arena
en nuestro espacio.

Quizá un paisaje solo, una melodía perdida
nos tornará presencia en la vital memoria.

Porque nosotros somos
tierra misma

y hablamos el idioma
que no tiene palabras.

Nos nutre la misma savia
y el mismo fuego nos alimenta,

crece y nos consume.

DECIR TU AUSENCIA

I

Aquí, donde comienza tu ausencia,
en este litoral del olvido
donde una esperanza se consume,

estoy como molino sin aspas;
como barco sin velas,

soy el eco de otros gritos;
amarga sal concentrada de otros llantos,

me circunda un horizonte de ruinas;
me acecha una noche sin luna y sin estrellas.

II

Podría decir: la ausencia
es una lenta presencia, o bien,
la ausencia es florecer bajo la sombra;

coger el aire buscando la forma anhelada
y encontrar tan sólo la imagen de sí mismo.

III

Pero, decir tu ausencia
es gritar sin voces, a solas,
dentro de mí,
caminar sin ojos, a oscuras,
en una playa muerta;
ver pasar los días
desde la ventana más triste de la niebla,
oír la lluvia caer
y sentir frío y miedo y soledad.

ESPEJO LENTO

Se irá lento el verano,
con él, amor y canto;
se irá la ilusión niña
que corría
por el verde campo;
se irá el agua de ayer
—espejo de narciso alucinado—.

Todo se irá
y yo seguiré sola,
abierta a la marea
de los llantos,
como plata fría,
como tierra en olvido, vacía.

Correrán lágrimas oscuras
por los hambrientos litorales
del día extinguido;
desde la orilla deshabitada
gritaré tu nombre
y el silencio se poblará
de húmedas espigas.

Hay pájaros heridos,
pétalos muertos
y olor a musgo seco.
Confusa, sin sonido,

golpearé los minutos
con el metal del tacto.

¡Hay un río de angustia
corriendo lento!
Con sordo movimiento
de amor vencido,
cae en el sueño.

La luna, sobre el mar,
es un lento naufragio
de blancos pétalos;
en vasta soledad, la playa,
es una muda queja de ausencia.

Mírame aquí, frente al mar,
vacías las manos de perlas y corales
secas las redes, recogidas las velas.
Mis pies viajeros
han anclado para siempre
en esta playa muerta;

estoy cansada y sola
como perdida isla,
como una voz
en el viento derramada,
inmersa en la náutica tristeza
de perla humedecida.

Un faro sin luz
gime a lo lejos
ciego como buzo a mitad de la noche,
rodeado de escolleras hostiles
y arrecifes fantasmas.

Mírame aquí, frente al mar,
gritando sin gritar

esta angustia lenta,
esta oceánica tristeza
de caracol nocturno,
este dolor de ola solitaria
y este inmenso cansancio
de mástiles caídos
y remos fatigados.

Como el mar me invadiste
y yo fui playa dócil
a la tibia caricia de tus olas;
por ti aprendí los signos del silencio
y su larga cadena de pausas recortadas,
mientras tus manos
trazaban mapas
sobre la red sumisa
de mis cabellos extendidos.

Mírame aquí, frente al mar,
mínima y sola,
rodeada de sal ensombrecida
y de espumas rotas.
Hay niebla en el mar
y yo sollozo un llanto seco, estéril,
de arenas azotadas
y resacas amargas y salobres.

Ni remos, ni velas, ni gaviotas...
Una quietud sombría
invade de pronto
mientras la luna,
caída sobre el mar,
es como lento naufragio
de blancos pétalos.

Muerden las estrellas lento grito
en la noche poblada
de hormigas enlutadas.

En la luna sin fondo, del espejo,
su voz amordazada
—pájaro sin hojas—
se presenta de pronto
como el que vuelve de un largo baile
de disfraces absurdos,
y no hay casa, ni vidrio, ni gemido,
todo es un instante sumergido
de consumados claveles
y espumas rotas;
donde el silencio, desesperado,
baila la danza de los siete velos.

Ahora recuerdo...

La esquina congelada
con grave voz de espanto
y la estatua asesinada
en un mar de amapolas sombrías,
mientras los árboles,
al aire sus raíces
se iban de viaje
con su equipaje etéreo
de cebollas y nardos;

y los pájaros ciegos
sacándose las plumas
jugaban aquel juego
de "me quiere y no me quiere"
con un fondo orquestal de pianos mudos.

Pero todo ha pasado...

Un olor de oxidadas madreselvas
pone histeria en las casas deshabitadas,
aisladas, solas,
flotantes en aceite doloroso
como islas encarceladas
en un frasco sin forma y sin color.

Afuera, en la noche,
las estrellas muerden lento grito
que se traduce en lluvia
de cal y de ceniza.

MEDITACIONES A LA ORILLA DEL SUEÑO

[1954]

1

A la orilla del sueño
donde la rosa
es pálido recuerdo;

frente al silencio,
más lejana cada vez
más incierta
y más sola.

2

Surge la angustia
ante el temor de ser
tan sólo la corteza
de un día vano.

Fuera del sueño
hay un barco
encallado en la voz.

3

La angustia se desangra
—gota negra,
negra y pesada gota—.

La sombra emerge limpia
de la sombra.

Dibujo mi mortaja
blanca, fría,
en las aguas del sueño,
lentamente.

4

Agua consternada
donde el silencio escucha
la piedad del silencio
y más allá, tan sólo,
una angustia vital
de espumas rotas.

CINCO MEDITACIONES NOCTURNAS

Para Chayo Oyárzun

I

Bruma en el río;
la noche amordazada, fría.
Emerge en el corazón
humedecida sombra;
llanto contenido
en negras corolas
y pétalos caídos sobre el césped.

2

La verde noche de los pinos
cayó sobre las frondas;
como lamentos emergiendo
del silencio, las voces
opacas de las hojas.

3

Voz en el alba.
La noche derramada
sobre la rosa.
Resuena a lo lejos

una queja de corales en el agua
y el negro estupor de las montañas.

4

El sauce reflejado medita
en la negra soledad del agua,
la noche líquida,
y la flor de silencio flotando
como cisne sobre el agua.

5

Prematura la luna
apareció en la noche.
Temblor de aguas sorprendidas
en inútil fuga.
La rosa enmudece
y vierte en pétalos
su lenta tristeza anochecida.

1

Gotea la noche
—amarga soledad—,
lentas espigas
transitan en el viento
y un pájaro sin voz
picotea las gotas.

2

Vestida de líquidos puñales
la sombra aguarda, acecha,
bajo las frondas.

En el río, alguien canta.

3

La noche se desploma
sobre el lago.

Gime un silencio deshabitado.

Aquí dentro,
algo se ha roto.

I

Mi voz transita
sobre la piel del viento,
deslindando
los cuatro puntos cardinales.

¿En qué sitio del sueño,
en qué recinto de nieblas moras,
que mi voz no te toca
ni el eco desgarrado
logra sitiarte?

2

Callas...

En vano espero recostada
a la orilla de la tarde,
tu voz no rompe el cristal
ni tu sombra camina
entre mis manos.

Huésped del silencio,
de tanto esperar
me he tornado flor
de sombra y humo.

3

Dirán los astros:

lleva los ojos ardidos
de amor lejano;
se evade y se diluye,
sombra de fuga,
cintura de agua.

4

De mí crecen palabras
aéreas como lianas,
brotan ríos, germinan hogueras...
pero todo se queda aprisionado
—¡oh soledad, oh noche!
¡oh distancia!—
en esta voz sin eco.

5

Caminan tus ausencias
sobre la piel y el tacto;

bajo una sombra de cristal
la noche arma tu rostro
en fragmentos perdidos.

ÚLTIMAS MEDITACIONES

I

Cautiva entre los hielos
el agua de ayer.

Soledad blanca,
musgos sombríos y lentos.

Pesados pétalos
caen en el silencio.

Emigran pájaros y peces
mientras la sombra espera,

bajo ondulantes álamos
de ausencia.

2

La flor es ceniza,
polvo, sueño, nada...

La noche inmensa,
y frente a la noche
la rosa, suspensa.

Evasión del espacio
y del tiempo,

¡la rosa es tan pequeña,
tan sola ante el misterio!...

EL CUERPO Y LA NOCHE

[1965 - 2007]

A Pedro Coronel

EL CUERPO es una estrella fugaz
una llama encendida
que se apaga

    La noche es una ala negra
    que se extiende
    y envuelve en su negrura

LA NOCHE hunde
su prestigio de tigre
muerde al sueño
y al cuerpo
el tigre de la noche
en el agua

ESTE cuerpo que grita
y no se escucha
que se abisma
para salir huyendo
cuerpo sin luz
en sí cerrado

Muerta la tarde
la noche nuevamente
sorda
    cerrada
al huir me estrello
en la pared del cuerpo

Ni un solo pájaro
en la noche
ni nada que nos retoñe
el cuerpo olvidó su rostro
su sombra
          su recuerdo

NOCHE sin alba
profunda
        eterna
el cuerpo cae en ti
como fruto maduro
y consumado

COMO pregunta sin respuesta
el cuerpo va cayendo
de silencio en silencio
en la noche embozada

NOCHE larga y filosa
cuerpo sin presencia
amurallado
memoria irrecobrable
de un instante
jamás vivido

Duele la noche
sumada al cuerpo
sombríos puñales
    atraviesan
lo de afuera
y lo de adentro

Cuerpo derramado
en la bóveda sombría
lentamente llegas
a lo que no tiene rostro
ni raíz y existe

EL CUERPO es una llama viva
pasión en movimiento
la noche con luna y con estrellas

EL CUERPO quiso aprisionar
el sol de un día
amor que no se nombra
y que se vive

ANCLABAS y partías
en la tarde colmada de presagios
blanca tumba
de pájaros marinos
yo te miraba
entre la luz y el viento
como un barco indeciso
anclabas y partías

SÓLO queda
la memoria del tacto
el cuerpo de mi cuerpo
se fugó
por la noche incierta

Cuerpo sin cuerpo
sombra sin sombra
desprendido de ti
solo cuerpo sin luz
oscuro grito ciego

Tu cuerpo fue el sueño
que albergó mi cuerpo

EL CUERPO es una llama errante
un terco dolor
la noche caída y fragmentada

EL CUERPO busca en la noche
la fugaz duración del sueño
la leve permanencia de su gozo
y la huella tal vez
de una mirada
instante consumado
y sin retorno

EL AMANTE reposa
en el secreto límite que separa
el gozo del dolor
con ojos cerrados percibe
la fría desnudez de la alcoba
los muros como lágrimas secas
su propia desnudez
y el cuerpo más solo
cada día

PRESAGIO de la noche
ruidos   luces que pasan
agotaré el tiempo vacío
la estéril espera
de una palabra   una sola
la palabra deseada
o la final
agotaré la noche
        a solas

LLUEVE en la noche
suenan las llantas
de los automóviles
en el asfalto mojado
adentro   en un rincón
alguien solloza

CUERPOS tendidos
yertos de tan solos
con frío de adentro
y frío de afuera
esperanza deshollada
en la plaza del duelo
el tiempo se desmorona
o como gato
se duerme en los tejados
no hay sitio que acomode
no hay llegada ni comienzo
sólo fatiga y miedo
miedo de caminar a solas
por las calles del miedo

IMÁGENES   sitios   palabras
miradas   rostros   acciones
un dedo de fuego sobre la llaga
dolor de todo y por nada
por lo que dije y lo que no dije
las fechas se renuevan
sangran   roen
quema la ceniza tibia aún
y el agua recién llovida
deja charcos en la tarde

DESNUDO el cuerpo y extendido
en la noche desnuda y extendida
        como grito
el cuerpo cruza la noche
        como daga
la daga atraviesa el cuerpo
¡oh noche del cuerpo
        sin salida!
¡oh cuerpo oscuro
        de la noche!
desnuda desnudez

PASAN los días
calles abrumadas
trenes
    anuncios
        sinfonolas
la gente corre
hay que ganarle
tiempo al tiempo
no se oye gemir
la propia sangre

No DIRÉ nada
los ojos no reflejan
lo que sueñan
ni la palabra nombra
el sentimiento

Un pájaro sin voz
gime a los lejos
y el cuerpo se consume
entre su celda solo

ME IRÉ sencillamente
por calles
    viento
        mares
es igual para irse
cuando el cuerpo
ya no es cuerpo
y decir no dice nada

Vacío sin nombre
oquedad sin sombra
deshabitado andar del cuerpo
por las calles del silencio

Compromiso de ser uno mismo
a pesar de todo

PODRÍAMOS decir
hoy   ayer
vivimos tantas vidas
sin vivirlas
tantas noches ahogadas
en los ojos
y tantas auroras esperadas
tras una ventana muda

POLICROMÍA DEL TIEMPO

Tiempo blanco
vacío sin ti
contigo en la memoria
memoria que te inventa
y te recrea

Tiempo azul
el sueño en que te sueño
la clara certeza
de hallar en ti
la tierra prometida

Tiempo verde
más allá de la esperanza
aguardo
la certeza de tu cuerpo

Tiempo rojo
presiento tu cuerpo
y se derrama
un río de lava
entre la sombra

Tiempo gris
nostalgia de tu voz
y tu mirada
ausente de tu ser
cae la tarde

Tiempo negro
lenta muerte
un viento de puñales
se desata
al no saberte cierto

ZONA DE RIESGO

Noche larga y filosa
terrible y temida
como serpiente de mil cabezas
no desnuda
revestida de espanto
caída sordamente
como el golpear de la fragua
pantera de obsidiana
que se anticipa al gozo
de la presa inminente

Oscura resonancia del grito
agua lacia   mordiente
tenaz en su insistencia
como las horas   los días
los años
garra de metales fríos
cerrándose
cortando el paso y el deseo
sorda   seca
como llanto que corre
hacia adentro
y se estanca mudo

El cuerpo camina
por oscuras calles
de afiladas lanzas
se desmoronan los rasgos

de su rostro
y la ciudad se va quedando
despoblada de sueño
como luna colgada
en el desierto

ÍNDICE GENERAL

Poesía reunida, de Amparo Dávila,
se terminó de imprimir y encuadernar en mayo de 2014
en Impresora y Encuadernadora Progreso, S. A. de C. V. (IEPSA),
calzada San Lorenzo, 244; 09830 México, D. F.
El tiraje fue de 2 200 ejemplares.